AF367465

TRANSFORMA

TU *Vida* EN

30

días

Título: 30 DÍAS PARA TRANSFORMAR TU VIDA
© 2021, Claudia Gomez
Autoedición: Claudia Gomez

Primera edición: febrero 2021

ISBN: 978-84-09-28156-5
Safe Creative: 2102116892789

Diseño editorial: Berzalmente. www.berzalmente.com

ÍNDICE

Nota de uso

Este libro es de uso y lectura diaria, de avance diario.

Después de la lectura de cada día, anota cada mañana en la página del día, que tienes disponible para ello, todo lo que vas a hacer durante esa jornada en referencia al cambio propuesto.

Cuando haya finalizado el día, anota los progresos que has hecho antes de ir a dormir, así comprobarás tus avances diarios.

RECUERDA HACERLO CADA DÍA.

Al plantear este reto y buscar información, encontré el método que desarrolló Ray Bradbury, el autor de Fahrenheit 451 y Crónicas Marcianas.

Como escritor, se propuso leer cada día un poema clásico, un ensayo y un cuento, tres formatos literarios distintos y cada uno de ellos con su propia peculiaridad.

Él decía que, aunque no te guste este tipo de lectura (como le pasaba a él) si, por ejemplo, lees durante 30 días poesía, al final llegas a apreciarla.

Partiendo de esta base, te propongo el reto de hacer cada día algo que sea bueno para ti y para que tu vida cambie definitivamente hacia la abundancia, la paz y el amor a ti misma, a ti mismo y tu vida cambiará de un modo espectacular.

En definitiva: **PODRÁS TRANSFORMAR TU VIDA**

¡Cada reto es diario y para hacerlo durante todo un mes! pero no se acaba aquí. Este es el primer paso, la primera piedra en la construcción de tu nueva vida.

Propóntelo y sé consciente de que lo que haces, lo haces para ti, para tu bien y tu disfrute. Y que todo aquello que envíes, te será devuelto.

La vida es un bumerang.

Probablemente algún día ni te acuerdes del reto del día anterior, no pasa nada. Puedes volver a recordarlo volviendo a leerlo.

Solo hazlo. Hazlo para ti.

Como digo en alguno de los vídeos que tienes en el canal de YouTube Historias en el Tiempo:

¡Hazlo posible! ¡Haz lo posible!

¡Comencemos!

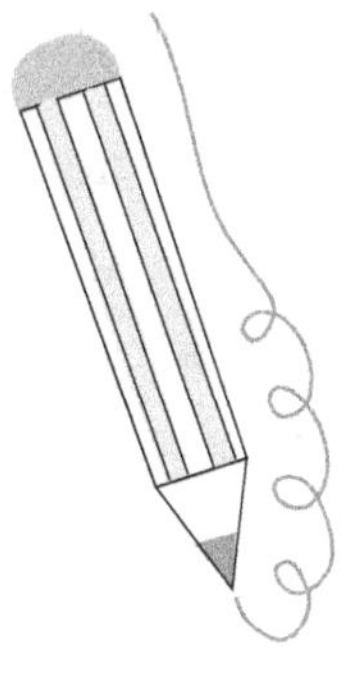

Dedícale entre cinco o diez minutos mientras tomas el desayuno, por ejemplo.

Yo lo hacía mientras me preparaba el desayuno y a la vez iba escribiendo todo lo que se me iba ocurriendo. Así lo hice yo durante más de un año.

Lo aprendí del libro *"El Camino del Artista"* de Julia Cameron.

Primero COMIENZA CON UNA FRASE POSITIVA AL DÍA, no son más de 20"

Si no tienes más tiempo esto será suficiente al principio, pero hazlo cada día.

Por ejemplo:

"Soy la mejor en…"

"Cada día **aprendo más** y mejor"

"**Todo lo bueno llega** a mi sin restricciones" …algo como esto.

Lo que se te ocurra y sientas en ese momento, pero positivo.

CÓMPRATE UN CUADERNO para esto y escribe como mínimo una página al día, no importa lo que escribas, lo que sea, el caso es escribir.

Si no se te ocurre nada, pon "no se me ocurre nada", pero escribe todo lo que te venga a la mente, aunque sean las mayores tonterías del mundo. Son las tuyas. Nadie más va a saber. Pero escribe cada día. Es… como si llevaras un diario, si alguna vez lo has hecho cuando eras pequeña.

VUELVE A INTENTARLO, TENGAS LA EDAD QUE TENGAS.

¡No puedes llegar a imaginar lo que será cuando acabes el mes! ¡O el año! Como fue mi caso.

Todavía hoy me sorprendo cada día de aquel trabajo que me ha llevado donde estoy hoy. ¡Feliz!

Día 1… a por él.

Hasta mañana

NOTAS

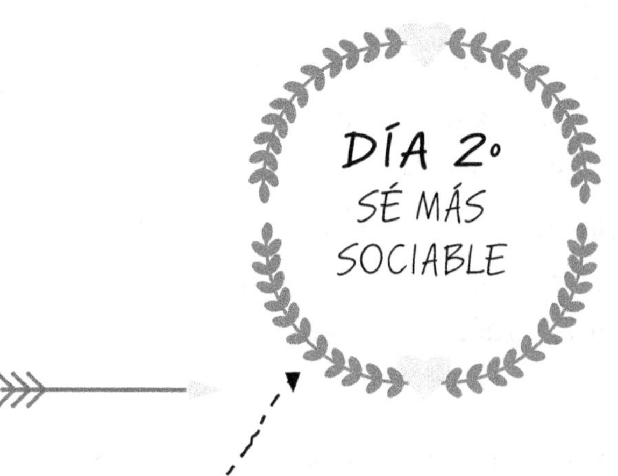

¿Cuántas veces sales a la calle, entras en el transporte público para ir al trabajo y no dices ni una sola palabra en todo el trayecto?

Probablemente la primera palabra que digas es un "buenos días" a algún compañero de trabajo, y a veces ni eso.

SÉ VALIENTE Y ENTABLA UNA CHARLA CON ALGUIEN EN EL BUS O EN EL METRO.

Hoy, las personas estamos ausentes por los teléfonos móviles y no tenemos contacto, ni siquiera visual con los demás, que son iguales que nosotros y tendrán los mismos problemas, pero tampoco se atreven.

Quizá… como tú. **¡Atrévete!**

Hazlo, deja que ocurra. Vamos a darnos la oportunidad y volvamos a ser personas y no los autómatas en los que quieren convertirnos.

No hay nada en tu celular más importante que la persona que tienes al lado, aunque tú no lo creas así. Esa persona es un ser humano. Tu móvil puede esperar.

No, no es tan difícil, verás que este ejercicio podrá controlar tu ansiedad y cambiará tu manera de relacionarte, siendo más empática, más empático y sociable.

Los móviles nos están convirtiendo en robots.

¡Piénsalo!
Día 2… a por él.

Hasta mañana

NOTAS

DÍA 3º
DESPIERTA MÁS TEMPRANO

Aquí te habla la que fue la más dormilona, pero ya no recuerdo cuando fue eso.

Desde que empecé con el canal de YouTube, escribir mis libros y hacer todo este trabajo que hago cada día, me di cuenta que no llegaba a todo lo que me proponía.

Leí sobre el "*Club de las Cinco de la Mañana*" de Robin Sharma donde dice que, **controlando tus mañanas, impulsas tu vida.**

Allí descubrí que, si te levantas temprano, el día es mucho más productivo que si te quedas a trabajar por las noches, algo que era habitual en mí.

Jamás pude pensar que me levantaría tan temprano.

Pues ¡aquí estoy! Y aunque no lo hago todos los días a las cinco, nunca lo hago después de la seis de la mañana.

Ya tengo una edad y vi que esa era mi mejor hora. Me levanto mucho más despejada, tengo energía todo el día. Si algún día me quedo más en la cama, me siento cansada y sin ganas durante toda la jornada.

Levantarte más temprano implica ir a la cama antes, así es que esto te lleva a ver menos televisión en la noche. Algo que agradecerás con el tiempo...

Mi recomendación: Adáptate a tus circunstancias personales.

Si tienes una edad (como es mi caso), en vez de a las cinco, yo me levanto a las seis, a la hora que tu cuerpo te indique, tampoco hay que forzar para acabar la jornada por los suelos.

Si eres una persona joven, no lo dudes, las cinco es tu hora, le ganarás 4 horas al día.

Aristóteles decía:

"ES BUENO DESPERTAR ANTES DEL AMANECER, PUES ENRIQUECERÁ LOS MEJORES HÁBITOS COMO LA SALUD, EL BIENES- TAR, LA SABIDURÍA Y ABUNDANCIA."

No lo digo yo. Lo dice un Sabio.

Día 3... a por él.

Hasta mañana

NOTAS

Quizá no sea de los retos más fáciles de hacer si ya estamos acostumbrados a la queja diaria.

¡Probablemente sea más fácil levantarse temprano! ¿Verdad?

Si en un principio te cuesta esto, tómatelo como que… **cada vez que te quejes, seas consciente de que lo haces.**

HACERTE CONSCIENTE hará que la próxima vez lo pienses antes de emitir tu queja.

Si no te resulta fácil hacerlo, no te critiques o te enfades contigo por no haberlo conseguido.

Todos los retos que estamos haciendo, requieren práctica.

Es muy probable que no lo consigas el primer día, pero tienes treinta días para adquirir el hábito que, ¡de eso se trata!

Lo habitual para adquirir un hábito son 21 días. A partir del día 22 el hábito debe estar instalado en ti. Si no es así, algo estamos haciendo mal.

Día 4… a por él.

Hasta mañana

NOTAS

Y NO LO CONSIGUES
ATRÉVETE A DEJARLO AHORA.

Si fumas, eres una persona negativa, llegas tarde al trabajo, constantemente te cuestionas a ti misma, a ti mismo, comes compulsivamente, o no puedes dejar el chocolate….

Cualquiera de estos hábitos, que no tienen por qué ser negativos, pero dan una imagen negativa de ti, son fácilmente cuestionados por mucha gente como negativos y difíciles de dejar.

Entonces, si tú lo consideras, proponte dejarlo en estos 30 días de reto.

Recuérdalo… contigo misma, contigo mismo. Esto no beneficia nadie más que a ti.

En todo caso, también beneficiará a tu bolsillo.

Escoge solo uno si te identificas con varios.

Te recomiendo, aquel que creas que será más fácil de conseguir, o que te va a costar menos esfuerzo realizarlo. Ve siempre de menos a más.

Empezar por algo más fácil, hará que llegues más lejos. Así nos habla el método Kaizen. *"Un Pequeño Paso puede cambiar tu Vida"*

Si crees que dejar de fumar es muy dificultoso en este momento, quizá levantarte diez minutos antes para no llegar tarde al trabajo, sea mejor para ti.

ESTO HARÁ QUE MEJOREN LAS RELACIONES CON TU ENTORNO MÁS CERCANO, JEFES, FAMILIA, PAREJA...

¡Escoge y hazlo!

Día 5… a por él.

Hasta mañana

NOTAS

EN LA CALLE O SÉ AMABLE CON UNA PERSONA DESCONOCIDA

O conocida. Sé amable con un vecino, compañero de trabajo, amigo, pareja o simplemente con un desconocido que necesite tu ayuda.

Empieza hoy a cambiar de actitud.

El cambio de actitud saca lo mejor de nosotros cuando menos lo esperamos y todo nuestro entorno se transforma de una manera integral.

Prueba, y verás el cambio que se produce en ti y, por ende, en los demás.

Eso sí, no te preocupes si el otro no te saluda o no quiere nada contigo, como lo ha hecho hasta entonces. Esa no es tu cuestión.

Tu cuestión es cambiar tu actitud con los demás y eso es lo que debes hacer.

INTENTA CADA DÍA QUE PASA OFRECER LO MEJOR DE TI SIN ESPERAR NADA A CAMBIO. Por lo contrario, no resultará.

Practica al menos un acto completamente desinteresado todos los días.

Día 6… a por él.

Hasta mañana

NOTAS

33

DÍA 7º
CUIDA TUS PALABRAS

Recuerdas aquello de: *"Y el verbo se hizo carne y habitó entre nosotros"*

PUES ASÍ ES. TODO LO QUE DIGAS PUEDE CONVERTIRSE EN REALIDAD.

Está claro, **proponte decir cosas bellas**, sinceras y limpias durante este período de 30 días y verás el cambio que se produce en ti.

Como te he dicho anteriormente, es posible que no te salga bien alguna vez, pero si puedes, rectifica a tiempo.

Siempre será mejor eso, que mantener la negatividad hasta la próxima vez.

Mide tus palabras siempre que puedas. Haz este intento hoy.

Te sorprenderás a ti misma, a ti mismo.

Día 7… a por él.

Hasta mañana

NOTAS

DÍA 8º
PLANIFICA TU TIEMPO

Y CUMPLE TUS OBJETIVOS

Seguro que cada día dices que no tienes tiempo, que vas volada, que 24 horas no es suficiente.

HECHO

Te equivocas.

La culpa no es que el día solo tenga 24 horas, si tuviera 48 estarías igual. No es el tiempo lo que te aflige, si no cómo lo distribuyes a lo largo del día, cómo lo controlas.

Creo que, mejor dicho, EL TIEMPO TE CONTROLA A TI.

Pasemos a la acción y vamos a poner de nuestra parte para que a partir de hoy seamos nosotras y nosotros los que controlemos ese tiempo diario que son las 24 horas.

Si controlas tu tiempo, tus objetivos no estarán tan lejos como te imaginas.

Como dijimos en el 3º día, es muy importante levantarse más temprano.

Cuando la casa está en silencio y mientras no se levanten los demás (si tienes niños o ancianos en casa), todo será mucho más fácil.

Podrás poner esa lavadora que cuando regresas del trabajo se te acumula con otras cosas. Puedes recoger la casa sin que te molesten los niños jugando o simplemente, puedes desayunar tranquila, y no deprisa y corriendo o de pie antes de ir a trabajar.

Quizá (y esto es muy importante), tengas tiempo de hacer algún ejercicio o 10 minutos de **relajación o meditación** para afrontar el día con más dinamismo y positividad.

Puedes hacer las meditaciones guiadas que harán que te sientas bien en tan solo diez minutos. Tienes algunas en el canal de YouTube.

Qué… ¿Vamos a por ello?

Día 8… a por él.

Hasta mañana

NOTAS

Sé que esta es una de las partes más difíciles de este reto.

Si no lo has hecho hasta ahora, este es el momento de pensar que, NO HAY NADIE EN EL MUNDO QUE PUEDA CONFIAR MÁS EN TI QUE TÚ MISMA, QUE TÚ MISMO.

Aplica el mantra de "Yo soy la mejor versión de mí misma" Repite esto cada día en cualquier momento que lo recuerdes, no solo te proporcionará satisfacción personal, sino que además reforzarás en ti todo aquello positivo que ya traes de serie y que por circunstancias has olvidado o no reconocido en alguna ocasión.

Recuerda **"Yo soy la mejor versión de mí misma, de mí mismo. Ahora y siempre"**

Día 9… a por él.

Hasta mañana

NOTAS

45

DÍA 10°
HAZ EJERCICIO Y MEDITA

TODOS LOS DÍAS

MEDITAR A DIARIO PROPORCIONA ESTABILIDAD EMOCIONAL Y TRANQUILIDAD FÍSICA.

Tienes meditaciones de **tan solo diez o quince minutos** que puedes hacer incluso en el transporte público si lo deseas. A mí me resulta bastante fácil cuando tengo un trayecto largo que recorrer.

Deja de mirar el móvil y contestar WhatsApp para otro momento y dedícatelo a ti. Vas a ganar mucho más que contestar mensajes, en la mayoría de los casos, cuestiones sin importancia que no te llevan a ningún sitio.

Este reto de hoy es doble como ves. Hacer ejercicio diario, aunque solo sean dos o tres estiramientos para empezar y meditar, que lo englobamos en uno solo, aunque añado el de dejar de mirar el celular a cada momento.

Empieza por lo que menos te cueste.

¡Tengo la sensación que va a costar más dejar de mirar el celular que hacer ejercicio y meditar!

Día 10… a por él.

Hasta mañana.

NOTAS

Hay mucha gente que vive muy asentada con mentiras diarias, lo que no sabe es el gasto energético que ello supone para su vida.

Deja de perder energía mintiendo, faltando a la verdad u ocultándola.

Si tienes ese hábito y estás muy metido en ello quizá este sea uno de los retos más difíciles que te encuentres.

Te propongo en estos 30 días que hables con el corazón, que dejes de tenerle miedo a la verdad para descubrir lo tranquilo o tranquila que puedes vivir, cuando veas que no (tienes o) te metes en problemas por ello.

Quizá pueda ser uno de los hábitos que escojas como te propuse en el reto del día 5

TÚ DECIDES.

Día 11… a por él.

Hasta mañana

NOTAS

DÍA 12º
ENFRÉNTATE A ALGUNO DE TUS MIEDOS

El miedo, es lo que más nos paraliza a la hora de hacer y de embarcarnos en aquello que nos lleva al triunfo, porque nos aleja de nosotras mismas, de nosotros mismos, de esa versión de ti misma de la que te hablé el día 9.

Lo mejor es **empezar por pequeños pasos**, sobre todo al principio, si realmente el miedo que tienes es muy grande.

El momento en que lo hagas te resultará muy duro, pero al segundo siguiente tu corazón habrá sentido que aquello no fue nada comparado con el miedo atroz que tenías.

Te recomiendo el pequeño libro del Kaizen *"Un pequeño paso puede cambiar tu vida"*

¿TE HAS PREGUNTADO ALGUNA VEZ A QUE LE TIENES MIEDO?

Como sabes, el miedo solo está en tu imaginación.

Ha sido creado por lo que nos han enseñado en la familia, la sociedad y la vida que hemos vivido hasta el momento.

Elige, y plántale cara a uno de esos miedos que te paralizan y descubre lo libre que puedes llegar a ser.

Día 12… a por él.

Hasta mañana

NOTAS

DÍA 13º
DEJA DE SER UNA VÍCTIMA

El victimismo es el compañero más desleal que puedas tener a lo largo de tu vida.

Puede servirte en ocasiones, sí… pero a largo plazo, siempre te cobra grandes cantidades de energía y lo peor, es que acabas estando solo ante las dificultades.

Ser una víctima no es victimismo. Por favor no confundamos esto.

El victimismo acaba siendo un círculo vicioso que te **lleva a tener siempre baja tu autoestima,** no habiendo nada que pueda recuperarla.

Echar la culpa a los demás de que todo lo que te pasa, no es culpa suya.

Los demás no tienen ninguna potestad sobre ti si tú no se la das. Si lo haces, solo te lleva a una permanente inseguridad en ti misma, en ti mismo, que hace que puedas llegar a sentir pánico a tomar la más mínima decisión para salir adelante… y vuelta a empezar.

Recuerda que **LIBERTAD** es ser responsable de ti mismo.

No coartes tu propia libertad, ya lo hacen los poderosos cada día.

Día 13… a por él.

Hasta mañana

NOTAS

DÍA 14º
DISCIPLINA

Esta es la **primera de mis tres claves para el éxito.**

SIN DISCIPLINA NO HAY PROGRESO. SI QUIERES PROGRESAR EN LA VIDA NECESITAS UN MÍNIMO DE DISCIPLINA.

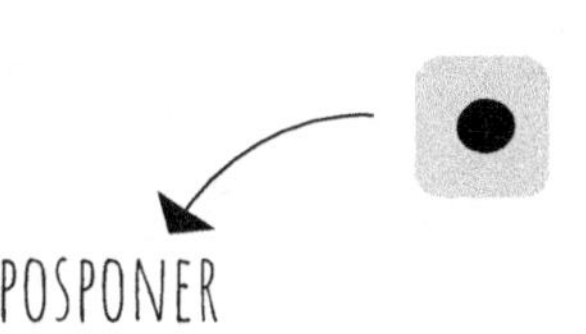

¿En algún momento concibes a Rafa Nadal tumbado sin hacer nada, sin entrenar antes de comenzar sus increíbles partidos?

No, claro que no.

Rafa Nadal ha llegado donde está porque ha trabajado mucho, no solo en su disciplina como tenista y el ejercicio físico que ello conlleva, también ha trabajado su disciplina emocional muy intensamente, para que no le llevara a hundirse en medio de un punto que se le hace difícil conseguir.

¡Claro que no es fácil!

Casi nada lo es cuando te propones conseguir algo en la vida.

Antes tienes que poner de ti mismo, de ti misma para llegar a la cumbre, después la vida, como siempre, premia ese esfuerzo.

Hay que decir a muchas cosas que no en este viaje, desprenderte incluso de personas para llegar al éxito que deseas conseguir, pero tú decides.

El esfuerzo al final… siempre compensa.

Día 14… a por él.

Hasta mañana

NOTAS

Esta es **la segunda de las mis tres claves para el éxito.**

Creo que hay mucha confusión con este concepto. Tener paciencia no es sentarse a esperar que algo pase y ya está, realmente es todo lo contrario.

Tener paciencia no es aguantar hasta que no puedas más y explotar en el momento más inoportuno.

La gente piensa que la paciencia es esperar.

En realidad, la paciencia es cómo nos comportamos mientras esperamos. Entender que todo tiene su tiempo, es darte el tiempo necesario para crecer y florecer.

**No importa que avances lento,
lo importante es que no te detengas.**

Ir lento probablemente te haga a llegar más tarde, pero hace que seas capaz de disfrutar del paisaje mientras caminas.

Parece un hábito negativo, pero todo lo que merece la pena en la vida, lleva su dedicación y su tiempo.

Si tienes paciencia, puedes tomar mejores decisiones, eres mucho más eficaz, incrementas la tolerancia y la empatía que aporta armonía y plenitud a tu vida.

Así es que, ármate de paciencia y úsala hoy para conseguir lo que deseas.

Día 15... a por él.

Hasta mañana

NOTAS

DÍA 16º
CONSTANCIA

Esta es **la tercera de mis tres claves del éxito.**

Hay quien dice que la paciencia y la constancia son el principio al éxito, yo añado la disciplina, porque sin ella no vas a ninguna parte.

¿Tú crees que Edison descubrió la lámpara incandescente al primer intento? Pues no…, necesitó más de 800 intentos para que hoy podamos tener luz en nuestras casas. Su esposa le decía constantemente que lo dejara que llevaba mucho tiempo con ello, que desistiera de su empeño.

Pero él no lo dejó.

La constancia le llevo a conseguir lo que deseaba.

Los grandes inventos del ser humano se los debemos a la constancia, a la perseverancia y a la paciencia.

Sin este esfuerzo es muy difícil ver el resultado final.

ASÍ ES QUE SI TIENES UN PROYECTO... ÁNIMO, PACIENCIA, PERSEVERANCIA Y DISCIPLINA.

Te aseguro que llegarás a muy buen puerto si te acompañas de estas tres amigas leales.

Alguien dijo: *"Tanto si crees que puedes como si crees que no puedes, tienes razón"*.

Día 16… a por él.

Hasta mañana

NOTAS

Ya ha pasado el ecuador de nuestra cita diaria para transformar tu vida en 30 días.

¿HAS HECHO RECUENTO DE LO QUE HAS CONSEGUIDO HASTA AHORA?

Te sugiero que hagas un pequeño balance y lo escribas en ese cuaderno que has comprado para ello y…

AGRADECE.

Agradece todo lo que hayas podido conseguir en estos 15 días que llevas de reto para Transformar tu Vida.

Sea lo que sea que hayas conseguido, por mínimo que sea. **Agradece.**

El **agradecimiento diario** de todo lo que nos ocurre, ya sea una lección o una bendición, las dos tienen algo por lo que agradecer y sin duda, nos hará mucho bien.

Una, porque nos transforma al instante, y la otra, porque hará que nos comportemos de otra manera en un futuro más próximo que lejano.

Cuanto más agradeces las cosas que tienes, más cosas buenas te suceden y llegan a ti.

Agradecer abre la puerta de la Abundancia y la Plenitud que siempre quisiste.

Es muy fácil. Simplemente tienes que decir.

GRACIAS – GRACIAS – GRACIAS

Día 17… a por él.

Hasta mañana

NOTAS

DÍA 18°
DESCUBRE TU POTENCIAL

Permíteme contarte mi historia.

Hace unos años yo tenía una vida segura, o por lo menos a mí me lo parecía. Vivía en eso que llamamos, estado o zona de confort y no necesitaba nada más. Tenía una vida minimalista, me apañaba con lo mínimo imprescindible, pagaba mis cuentas, y bueno… estaba bien, o eso creía.

Pero nunca cumplía lo que esperaba, mis objetivos a medida que yo corría hacia ellos, ellos corrían más que yo, y nunca los alcanzaba.

Era como si llevara una caña de pescar insertada en la parte trasera de mi pantalón y el pescado caía por delante en el anzuelo, donde es imposible llegar a él.

Me di cuenta que el éxito y la felicidad que ello conlleva, comenzó a hacer mella en mí y se transformó en ansiedad convirtiéndose en un vacío...

Me negué a seguir aprendiendo, a crecer, y eso no es más que la antesala de comenzar a morir, en cuanto a evolución y desarrollo personal se refiere.

Cuando me quedé seis meses imposibilitada, metida en casa sin poder moverme, tan solo con dos muletas por una rotura de meniscos, decidí que no podía seguir así, y me puse a pensar que hacer en esas circunstancias.

Comencé a escribir y a programar el canal de YouTube Historias en el Tiempo, que es el que ha querido que ahora esté aquí contándote esto; pues este libro comenzó siendo un reto de 30 días en video que puedes ver en el canal y que ahora nos une a ti y a mí.

Tardé un año en ponerlo en marcha por la cantidad de miedos que llevaba encima hasta que un día me dije: ¡Esto se acabó! Si no lo intento, nadie sabrá que lo he hecho.

Y aquí estamos... **Yo feliz de saber que puedo ayudarte. Empieza a cambiar tu vida con aquello que mejor sabes hacer.**

PONTE A ELLO Y DESCUBRE CUÁL ES TU MAYOR POTENCIAL, AQUELLO QUE SIEMPRE QUISISTE HACER, AQUELLO CON LO QUE SOÑASTE CONSEGUIR DESDE SIEMPRE Y QUIZÁ NUNCA TE ATREVISTE A REALIZAR POR EL MOTIVO QUE SEA.

¡Muévete, ya estas tardando!

Día 18… a por él.

Hasta mañana

NOTAS

TÚ ERES UNO DE ELLOS

Estoy segura que hay muchas cosas en la vida que no dejan de sorprenderte por lo curiosas y milagrosas. Lo primero, la vida misma.

Los milagros no son más que planes divinos que se hacen realidad aquí en la tierra.

Albert Einstein dijo que había dos maneras de vivir la vida: una como si nada fuese un milagro, otra como si todo es un milagro.

TÚ DECIDES CUÁL DE ELLAS QUIERES VIVIR.

La verdad es que **no es fácil**, pero cuando te das cuenta que el milagro está sucediendo no sales de tu asombro.

Cuando esto pase, que pasa…, sé consciente de ello y aprovecha la oportunidad que te da el cielo y no pienses en más que aprovecharla al máximo. Por pequeño que el milagro sea.

Desafortunadamente solo miramos con los ojos del cuerpo.

CUANDO LOS OJOS DEL ALMA SE ABREN, ESTATE ATENTO, ATENTA Y CONSCIENTE DE QUE AQUELLO ES PARA TI, SE TE ESTÁ MOSTRANDO A TI.

Tenemos la "manía" (voy a llamarlo así porque está muy extendida), de decir constantemente: "No me lo creo…» «no me creo lo que me está pasando» «es increíble…» «no, no me lo puedo creer…"

¡Porqué NO!

¿Por qué no puedes creer que te está pasando algo maravilloso?

Cuando esto llegue a tu vida agradece y tómalo con absoluta tranquilidad. Es tuyo, es para ti, te está sucediendo a ti. Tómalo y aférrate a él y sácale el mayor partido posible.

Los milagros son así. Tú los provocas, ellos vienen.

Atenta al día de hoy, puede que tu milagro… esté a la vuelta de la esquina.

Día 19… a por él.

Hasta mañana

NOTAS

EMPIEZA A ACTUAR

CUANDO QUIERES LOGRAR ALGO, TIENES QUE CONCENTRARTE EN ELLO Y ADQUIRIR O CAMBIAR LOS HÁBITOS NECESARIOS QUE TE LLEVEN AL CAMINO DE TUS SUEÑOS.

Hay hábitos adquiridos con los años y la experiencia, que sabotean cualquiera de las iniciativas que puedas tener. **Si te marcas un objetivo, te marcas una intención, y por eso, necesitas un plan que llevar a cabo.**

Haz un listado con todo aquello que quieres conseguir, un listado real, es decir, podrás querer un Ferrari, pero si apenas ganas mil euros al mes, será difícil que lo

consigas a corto plazo, pero no deja de ser un objetivo.

Ponte plazos cortos y sueños reales, pero no dejes de soñar a lo Grande.
A medida que los vas haciendo, se van convirtiendo en algo más y más grande.

Empieza hoy a planear como será tu vida a un año vista, tres, cinco y apuntalo todo.

Olvida los miedos y el tan recurrido:

"Esto es imposible… No, yo no llego allí…"

Yo me lo he dicho infinidad de veces, hasta que un día dejé de decirlo y comencé a hacerlo.

Empieza hoy. Date la oportunidad, si no lo haces no sabrás si lo consigues. Además, nadie lo hará por ti, pero si habrá otros que estén pensando en hacerlo.

Piensa que tú eres receptor y merecedor de todo lo bueno que la vida tiene para regalarte. Y si tienes dificultades en el camino, pues… da un rodeo, pero sigue adelante.

Goethe, el escritor alemán, dijo que:

"Las dificultades aumentan cuanto más nos acercamos a la meta"

Y a mí me gustaría añadir que… las ganas de dejarlo y desistir también.

Día 20… a por él.

Hasta mañana

NOTAS

Ayer hablamos de actuar YA, de una vez. Hoy veremos cómo organizar esa actuación.

Vamos a ver: ¿Qué tal andamos de pereza, de comparación con los demás, de motivación?

La pereza está asociada a la zona de confort.

Un perezoso nunca saldrá adelante y dirá:

"Estoy bien como estoy… No importa si me quedo un ratito más en la cama" y así, alguna otra cosa más.

Pero no creas que es pereza lo que crees que tienes, es fata de propósito, y eso nos causa pereza.

SI QUIERES QUE TUS SUEÑOS Y METAS TENGAN UN FINAL FELIZ, DEBES PROPONERTE UNA ORGANIZACIÓN DE BASE DETALLADA PARA CONSEGUIRLO.

Piensa por un momento, la satisfacción que te produce haber conseguido aquello que querías, independientemente del esfuerzo que pusiste en ello. Te vas a la cama con la sensación del trabajo bien hecho y eso motiva a seguir y seguir…

Esto puede llegar a ser un ritual cada día e integrarlo de tal manera en tu vida que, ni te darás cuenta.

Ponte a ello, organiza tú día a día, no más por el momento, y verás el cambio que se produce en tan solo en un mes.

ESO SÍ, COMO HEMOS DICHO, SÉ CONSTANTE.

Apúntalo todo con el signo de estas tres características:

★ Urgencia.

★ Importancia.

★ Lo puedo dejar para mañana si hoy no me da tiempo.

Detalla de esta manera tu día. Todo es importante, pero hay cosas que son urgentes y esas serán las primeras de la lista.

93

Día 21… a por él.

Hasta mañana

NOTAS

DÍA 22º
ESCRIBE TUS OBJETIVOS

Y LÓGRALOS

Cómo te dije ayer, escríbelo todo.

Cuando haces esto, todo lo que llevas dentro lo haces realidad al sacarlo de donde estaba siendo solo una idea, al escribirlo lo personificas y lo haces real.

Este es el primer paso.

Piensa por un momento donde estabas hace un año y mírate ahora. ¿Qué has conseguido? ¿Qué hay en tu vida diferente? ¿Has ido a más?

Todas estas preguntas te harán saber cómo y dónde posicionarte para lograr tus objetivos.

No te compares con nadie, **eres único, única**. Mantente motivada y no te estreses por llegar. Llegará cuando estés preparado para ello, no antes.

DATE LA OPORTUNIDAD DE CONSEGUIR TUS METAS.

Insisto en que hay pequeñas actividades en tu vida diaria que te conducen a grandes mejoras.

Como en el libro que te he recomendado unos días atrás, un pequeño libro muy interesante que te ayudará a conseguir lo que te propones haciendo cada día cosas que parecen insignificantes.

Si fueras capaz de ver el cambio que se produce, como resultado de millones de pequeñas acciones diarias a las que apenas le das importancia, no dudarías ni un solo momento en realizarlas.

Día 22… a por él.

Hasta mañana

NOTAS

Conoce tus fortalezas

¿Estás seguro, segura de lo que quieres? ¿Conoces tus fortalezas personales?

Probablemente siempre te estés criticando por todo lo que haces mal y no consigues, pero… ¿Te has planteado alguna vez lo maravilloso que eres y lo que haces cada día para que todo salga bien? Tú eres el protagonista de tu propia historia, no olvides esto.

NADIE PUEDE ESCRIBIR ESA HISTORIA POR TI.

Tu autoestima conforma una parte muy importante de ti misma, de ti mismo para llegar a tus objetivos.

La capacidad de reinventarte será una de las fortalezas que verás facilmente en ti.

Los seres humanos tenemos la tendencia a quedarnos solo con las experiencias negativas.

Por otro lado, también es importante conocer tus debilidades. Tanto las debilidades como las fortalezas son necesarias. Las dos son lecciones de las que debemos aprender, pero debes saber que no te definen como persona. Como las enfrentas…, sí.

Escribe todo aquello que conforma tu bienestar y cómo conseguir mantenerlo. Eso sí te define.

Seguro que tienes un talento innato y todavía no lo has descubierto.

PÁRATE UN MOMENTO Y DESCUBRE TODO LO BUENO QUE HAY EN TI Y SÁCALO A LA LUZ. DEMUÉSTRALE AL MUNDO QUIÉN ERES Y LO QUE SABES HACER.

Te dejo algunas de estas fortalezas con las que trabajar hoy:

★ Es muy probable que seas creativa, creativo, que tienes una mente abierta y ganas de aprender.

★ Seguro que eres una persona valiente e íntegra.

★ Quizá seas una persona amable, humana, social.

★ Tienes un concepto amplio de la justicia y concibes la realidad social como un todo que nos afecta a todas las personas.

★ Eres una persona moderada, contemplas el perdón, eres compasivo, humilde.

★ Quizá seas una persona que ralla la excelencia, y también sabes contemplar la belleza.

★ Es posible que seas alguien agradecida/o, con sentido del humor o muy espiritual.

Si tienes alguna de estas fortalezas, hoy es el día para desarrollarlas, de ellas depende tu felicidad.

Brilla desde tu interior y házselo saber al mundo.

Día 23… a por él.

Hasta mañana

NOTAS

Tu cerebro refleja la misma actividad cuando ve, que cuando siente. Para el cerebro no existe la diferencia.

Entonces… ¿Cuál es tu auténtica realidad?

Tus pensamientos son tu arma de poder, con ellos puedes construir puentes o derribarlos.

Construye, siempre construye, pero en base a lo positivo y a lo que realmente quieras conseguir y alcanzar en tu vida.

Por tanto, el ejercicio de hoy consiste en:

¿Qué quieres construir?

Cierra los ojos y visualiza aquello que quieras que esté en tu vida y siéntelo como si ya lo tuvieras, como si ya forma parte de ti.

**Si eres capaz de imaginarlo,
eres capaz de crearlo.**

Practica este ejercicio por 5 minutos cada día, puedes hacerlo en cualquier lugar, es muy efectivo antes de dormir y nada más levantarte.

Deja por un momento el celular y conéctate contigo mismo, contigo misma.

Día 24... a por él.

Hasta mañana

NOTAS

Cuantas veces habrás oído decir que el único momento en el que vives, es el que vives ahora.

En el famoso libro de Eckhart Tolle *"El Poder del Ahora"* que sin duda te recomiendo, podrás comprender que es vivir en el ahora.

¿Cómo te sientes ahora? ¿Te preocupa algo ahora mismo?

La respuesta la tienes que dar en el instante, no cuando han pasado cinco minutos. Estoy segura que la contestación es NADA.

Cuando vives en el Ahora estás viviendo con toda seguridad.

Cuando estás pensando en el pasado no estas viviendo en el ahora, te lo estás perdiendo. Y cuando vives en el futuro tres cuartos de lo mismo, mientras estas allí, no estás aquí.

Por tanto, fíjate lo importante que es el instante en el que vives.

La vida no aguarda ni espera, la vida simplemente sucede. Aquí y Ahora. No hay más.

Plantéate entonces como ejercicio de hoy: Cada vez que lleguen a tu mente pensamientos del pasado o proyecciones en el futuro, para y mírate, vuelve a donde te encuentres en ese momento, el lugar o la situación en la que estés viviendo en ese instante.

Por ejemplo: "Estoy en este autobús que me lleva al trabajo, voy con toda esta gente que también probablemente vaya al trabajo o a hacer las compras del día…"

Durante esos minutos que has estado haciendo este ejercicio, no has estado pensando en lo que fue, ni en lo que será. Si no en el Ahora.

Solo el Ahora existe.

Recuérdalo.

Día 25… a por él.

Hasta mañana

NOTAS

¡Qué importante la actitud para vivir!

Analizar lo que nos hace felices conformará una actitud positiva y será el comienzo de algo mucho mejor.

No es fácil si te has acostumbrado con los años a ser pesimista e intolerante con todo. Pero como te dije en días anteriores, con pequeños pasos, pequeñas acciones diarias, podrás conformar una actitud cada vez más positiva y, por tanto, el cambio que deseas hacer.

Identifica todo lo bueno que hay en tu vida e increméntalo.

Cuando lo tengas claro, pon toda tu buena voluntad y eso hará que tu actitud ante esa meta que quieres conseguir, cambie.

También encontrarás cosas y personas que te perjudiquen.

Es necesario deshacerse de ellas. Parece como si quisiera quitarlas de en medio, matarlas, pero aunque suene mal o raro, en el fondo es así.

Terminar con relaciones que te perjudican, es una carga emocional que debes desechar, aunque sea muy duro, lo sé por experiencia.

El resultado final es tu bienestar y eso es lo único que importa.

Cualquier esquema rígido o inflexible, puede levantar murallas emocionales muy difíciles de traspasar.

Define para el día de hoy la acción a tomar, y pon todo tu empeño en mantener una actitud positiva ante ello.

Por ejemplo: Sonreír más… ceder el asiento… ayudar en casa… sacar al perro…

Día 26… a por él.

Hasta mañana

NOTAS

CREA NUEVOS HÁBITOS PARA UNA NUEVA VIDA

Cuando generas pensamientos positivos, estas cambiando de hábitos.

¿Sabes la cantidad de pensamientos que pasan por tu mente a diario? Decidir cuáles son saludables y cuales no, solo depende de ti. Son ellos los que moldean la forma en que ves el mundo.

Su poder es infinito, pueden llevarte a la neurosis o la más absoluta felicidad. De ti depende.

AQUEL QUE ALIMENTES, SERÁ AQUEL QUE CREZCA.

Deja de alimentar pensamientos limitantes y comienza a ser cada día más feliz.

Fabrica pensamientos liberadores y constructores de realidades mágicas que hacen tu vida más agradable.

Tu realidad está formada por tus emociones, así de simple… y de complejo. Diferenciar en ocasiones que es real de lo que no lo es, puede llevarnos a desvariar si no posees una mente sana.

Los pensamientos generan emociones, y estas, crean hábitos o patrones de pensamiento que, por años, se incrustan en nosotros y no es nada fácil deshacerse de los más nocivos.

Tu estado de ánimo, tus recuerdos y la forma de interpretarlos conforman tu vida.

Comienza a deshacerte de alguno en el día de hoy.

¿Cuál es el pensamiento que más te viene a la mente y no es nada saludable?

Tómalo con cariño y descártalo de tu mente. Igual que se instaló en ella, se irá. Invítalo a que se vaya y deje el sitio a otro más amable que te haga la vida más agradable.

Practica esto en cualquier momento. Hazlo siempre que te acuerdes y ese pensamiento llegue a tu mente.

Día 27... a por él.

Hasta mañana

NOTAS

La meditación es un proceso en el cual te concentras e intentas dejar tu mente en blanco. Vacía… totalmente vacía.

Qué fácil ¿verdad? os diréis algunos. Pues no, no es fácil, pero tampoco es difícil.

Que al principio se hace raro y cuesta, también.

Cuando quieres conseguir algo que deseas fervientemente, necesita esfuerzo y dedicación. NADA ES GRATIS y todo lo es.

Solo es ponerse y tomárselo en serio.

Hay que empezar por sesiones cortas que te lleven despacio a sesiones más largas.

Al principio lo mejor es dejarse guiar. Las meditaciones guiadas son lo mejor para empezar a meditar.

Tienes meditaciones sencillas de 10 minutos en el canal Historias en el Tiempo. Después irás pasando de unas a otras casi sin darte cuenta.

De lo que si te darás cuenta es de los beneficios que la meditación tiene para tu salud y para conseguir lo que deseas.

Entra en un estado donde **solo tu sabrás de ti mismo.** En ocasiones, entrarás en estados alterados de conciencia que te llevarán a lugares que ni sospechas que podían existir.

Allí, podrás tener visiones que te llevarán a sacar lo mejor de ti y ofrecérselo a los demás.

Prueba, no pierdes nada con ello, si acaso tan solo diez minutos que te los habrás dedicado a ti, por tanto, no están perdidos.

Día 28… a por él.

Hasta mañana

NOTAS

Cuando conectas tu cocina se calienta para que cocines alimentos, tu nevera al enchufarla enfría para que conserves tu comida, tu reloj por un complejo mecanismo, te da la hora.

Todo lo que se ha creado en el mundo tiene una finalidad, y todo esto, ha sido creado por algún humano antes que tú.

Steve Jobs dijo algo parecido a esto.

TODO SE PUEDE CREAR.

Todos nacemos con alguna habilidad para resolver algún tipo de problema. Encontrar esa habilidad te acerca a tu propósito de vida. Aquello que quieres aportar a este mundo.

Cuando yo descubrí mi propósito, lloré sin parar durante días, solo porque eso era lo que en el fondo había hecho toda mi vida y, yo lo que quería, era hacer otra cosa. Me negué durante años a hacerle caso.

Y no puede ser… "Si es para ti, aunque te quites, y si no lo es, aunque te pongas" como dicen mis queridos amigos mejicanos.

Pues eso, yo me quitaba y la vida volvía una y otra vez a decirme cual era mi sitio.

Y aquí estoy, abriendo puertas, y cerrando alguna herida, como dice Gloria Estefan en su canción. Esto, al fin y al cabo era mi propósito de vida.

He dado mil vueltas, cogido mil caminos, y al final todos me llevaban donde estoy ahora, aquí, hablando contigo de todo esto.

Te propongo que hagas una lista de todo aquello que te gustaría hacer, a lo que te gustaría dedicarte, como 10 o 12 cosas serán suficientes.

Después léelas en voz alta. Si Alguna te resuena o te hace sentir de una manera muy especial, lo habrás encontrado, si no, date la oportunidad de nuevo al día siguiente y así hasta que lo encuentres.

En este proceso ya habrás eliminado unas cuantas por el camino.

Cuando yo llegué a la mía lloré y lloré sin parar… Ese es uno de los síntomas de que has llegado a tu propósito.

Siempre habrá algo que te diga "Esto es" tu cuerpo y tu alma resonaran al unísono. Después, solo tú decides que hacer con lo que se te ha desvelado.

Día 29… a por él.

Hasta mañana

NOTAS

Después de estos 30 días juntos, intentando transformar nuestra vida, hoy hemos llegado al punto final de este recorrido.

Espero que te hayas sentido bien durante este período y tengas un poco más claro cómo pequeños pasos, pueden transformar tu vida y transformar así tu realidad.

Ahora estás en el camino, en el sendero de la sabiduría que todos traemos impresa en el ADN y que no somos capaces de sacar porque no creemos que somos seres divinos y que lo que creemos lo creamos.

TÚ ERES EL ÚNICO RESPONSABLE DE ESA CREACIÓN, PORQUE ES SOLO TUYA, DE NADIE MÁS.

Tú eres el responsable de tu propia vida.

Lo que haces, lo haces para ti, lo que creas lo creas para ti, después decides que hacer con ello.

Crea siempre algo bueno para la humanidad, algo que nos haga mejores cada día.

Si haces esto jamás te arrepentirás de haber pasado por aquí y dejarás una huella imborrable.

Día 30… a por él.

Hasta mañana

NOTAS

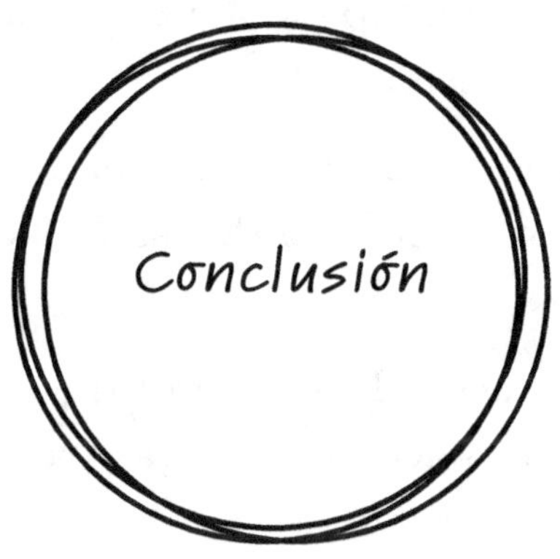

Espero que este reto de 30 días te ha sido de utilidad.

Nos vemos en los cursos y talleres online que encontrarás en mi página web:

www.claudiagomez.es

Si estás interesado o interesada en participar en ellos, escríbeme un correo a **hablacon@claudiagomez.es** y te daré toda la información para el curso.

Será un placer para mí conocerte y poder ayudarte a Transformar tu Vida como yo transforme la mía.

¡Te espero!
Gracias

Final del Reto Transforma tu Vida en 30 Días.

Espero haberte inspirado para que tu vida sea distinta a partir de ahora mismo.

Toma la determinación de transformarla a como dé lugar, siempre para tu bien y el de los demás. No te arrepentirás jamás.

Escribe aquí como te has sentido durante este mes haciendo pequeñas acciones diarias para la transformación de tu vida.

Sé positivo, sé positiva y valora lo que has hecho, en muchas ocasiones te habrá costado mucho, pero es un triunfo conseguido.

A X ÉL

NOTAS

Bibliografía

Aquí puedes encontrar todos los libros que se recomiendan en este libro

MIS RECOMENDACIONES EN AMAZON https://www.amazon.es/shop/historiaseneltiempo

- El Camino del Artista de Julia Cameron
- El Club de las cinco de la mañana de Robin Sharma
- Método Kaizen: Un pequeño paso puede cambiar tu vida
- El Poder del Ahora de Eckhart Tolle

Puedes contactarme a través de mis redes sociales

claudiagomez.es

hablacon@claudiagomez.es.

instagram
claudiagomez_autora

YouTube
Historias en el Tiempo

Twitter: HistoriasTiempo

Pinterest: Historias en el Tiempo

Linkedin: Claudia Gómez

Facebook: Historiasdemitiempo

Telegram: Claudia Gomez Historias en el Tiempo

Queridos compañeros y compañeras del camino
de vida, todo lo que te he contado aquí, junto con
el ejercicio, una actitud positiva y las Tres Bases del
Éxito, conforman la totalidad de una
vida plena y feliz.

El conjunto de todo esto, te lleva a conseguir todo
aquello que siempre has deseado y que
está esperándote solo a ti.

Descarga gratis Las Tres Claves para tener Éxito:

Solicítalo aqui: **hablacon@claudiagomez.es**

www.ingramcontent.com/pod-product-compliance
Lightning Source LLC
LaVergne TN
LVHW010342200726
843507LV00010B/1611